...èQUE L. CURMER.

# ENSEIGNEMENT
## MORAL.

# ANECDOTES
## HISTORIQUES ET MORALES

PAR M.

### H. GOMONT.

Adopté par l'Association pour l'Éducation populaire.

*10 centimes.*

PARIS.

L. CURMER.

Rue de Richelieu, 47, AU PREMIER.

1851

# ASSOCIATION
## POUR L'ÉDUCATION POPULAIRE.

L'Association pour l'éducation populaire a pour but de contribuer au développement de l'éducation et de l'instruction du peuple. Elle se propose, pour y arriver, d'employer les moyens suivants :

Provoquer la composition ou la traduction de traités élémentaires des sciences les plus utiles, de manuels technologiques, de récits moraux et instructifs, de traités des devoirs et des droits des citoyens ;

Appeler des dons et des souscriptions, et en employer le montant à la distribution gratuite de livres spéciaux dans les ateliers, dans les établissements agricoles, les écoles régimentaires, aux convalescents des hôpitaux civils et militaires, aux détenus, et aussi dans les écoles primaires et les ouvriers ;

Publier des programmes d'ouvrages destinés à réaliser ses vues, et décerner des prix aux auteurs qui auront le mieux rempli les conditions de ces programmes ;

Encourager la formation de bibliothèques communales ;

Lutter contre le colportage des mauvais livres et y substituer la distribution des livres adoptés par l'Association, en donnant des primes aux colporteurs ;

Établir des correspondances avec les maires des communes, les ministres de tous les cultes, les instituteurs primaires, les associations religieuses et charitables ;

Provoquer l'établissement de comités dans les départements et la formation de sociétés de dames, qui distribueront les livres dont l'Association aura la disposition.

L'Association appelle le concours de collaborateurs dont les mille premiers recevront le titre d'*associés fondateurs*. Une cotisation mensuelle de QUATRE FRANCS sera payée par eux, et leur donnera droit à la remise gratuite de *quarante petits volumes du prix de dix centimes*, qu'ils distribueront selon leur volonté.

L'Association admet en outre tous les dons et souscriptions qui lui sont adressés, et dont l'emploi a lieu en distributions gratuites des ouvrages approuvés par elle.

Les adhésions et souscriptions doivent être envoyées *franco* à l'AGENT GÉNÉRAL DE L'ASSOCIATION, rue Richelieu, 47 (ancien 49).

# BIBLIOTHÈQUE L. CURMER.

## ENSEIGNEMENT MORAL.

# ANECDOTES
## HISTORIQUES ET MORALES

PAR M.

## H. GOMONT.

Adopté par l'Association pour l'Éducation populaire.

PARIS.
L. CURMER.
Rue de Richelieu, 47, AU PREMIER.

1851

# ASSOCIATION
## POUR L'ÉDUCATION POPULAIRE.

L'Association pour l'Education populaire approuve l'impression de l'ouvrage intitulé : **Anecdotes historiques et morales**, par M. H. GOMONT.

Paris, le 7 Mars 1851.

*Le Vice-Président,*
D'ALBERT DE LUYNES.

Pour ampliation :
F. LOCK,
*Secrétaire général.*

---

La **Bibliothèque L. Curmer** est destinée à enserrer dans un vaste réseau de publications *tout* ce qui touche à l'**Enseignement Universel**, à l'**Enseignement Moral** et à l'**Enseignement Élémentaire**. Sous le premier titre, elle aborde toutes les questions qui dérivent de la Constitution; sous le deuxième, elle comprend une série d'histoires et de récits instructifs et amusants; sous le troisième, elle donne des notions de toutes les sciences.

Elle fait un appel à *l'intelligence*, en la conviant à répandre ses bienfaits sur tous ceux qui ont besoin d'apprendre; à la *richesse*, en l'engageant à populariser ces petits écrits et à les distribuer avec la profusion qu'ils méritent par leur but et leur importance; aux *travailleurs*, en leur offrant un moyen sûr et peu dispendieux d'acquérir sans peine toutes les connaissances qui forment l'homme et le citoyen.

Ces petites publications coûtent 10, 20, 30, 40 et 50 centimes, selon le nombre de feuilles de 32 pages, et celui des gravures qui servent à l'explication du texte.

# ANECDOTES

## HISTORIQUES ET MORALES

---

### CATON ET LE SOPHISTE.

Marcus Porcius Caton (1) était ce qu'on peut appeler un Romain de la vieille école. Il avait des manières un peu rustiques, une économie qui frisait l'avarice, et il était grand ennemi de toute élégance nouvelle; mais, au milieu de ses idées un peu trop arriérées, comme on dirait aujourd'hui, il ne manquait ni de bon sens, ni d'esprit. Un jour, par curiosité, il alla

---

(1) Caton vivait deux cents ans avant Jésus-Christ. Il exerça la censure, fonction qui avait pour but de maintenir la discipline et les bonnes mœurs, avec une rigidité passée en proverbe. De là vient qu'on dit *un Caton*, pour exprimer un homme de mœurs très sévères. Il s'occupait beaucoup d'agriculture, et on a de lui un écrit sur cette matière.

écouter un *sophiste* très en vogue. On appelait sophistes des hommes qui faisaient métier de traiter des questions de philosophie, et de prouver les choses les plus contraires. Ces hommes, en réalité, n'avaient aucune conviction ; mais, parler d'une manière subtile sur tout, et tout prouver, les faisait vivre et cela leur suffisait. Caton l'entendit d'abord discourir sur la vertu, et rien ne lui parut plus beau que la vertu. Il l'entendit ensuite parler sur le crime ; et, c'est lui-même qui nous l'apprend, rien ne lui parut plus grand, plus beau que le crime. Cependant, bien qu'incapable de réfuter les raisonnements du sophiste, bien qu'ébloui même par ses belles phrases, il n'en conserva pas moins toute sa sympathie pour la vertu, toute sa haine pour le crime ; car il ne savait quelle voix secrète, quel instinct lui disait que tout ce beau discours n'était que mensonge.

Dans cette vie, nous nous trouvons parfois dans la même position que le vieux Caton. Les doctrines fausses ou coupables sont souvent présentées avec tant de talent et d'adresse, que nous sommes bien embarrassés pour démontrer aux autres, ou à nous-mêmes en quoi elles pèchent.

Cependant, il y a une sorte de voix en nous, un nous ne savons quoi, qui nous fait sentir qu'elles sont mauvaises; seulement, cette voix est quelquefois un peu étouffée par celle de notre intérêt ou de nos penchants, et elle parle bien bas, si bas, qu'il faut toute notre bonne volonté pour l'entendre, toute notre bonne foi pour ne pas nous figurer qu'elle ne dit rien.

---

## BERNARDIN DE SAINT-PIERRE ET LE PAYSAN.

On a remarqué que les hommes qui vivent en face des œuvres de la nature, comme les cultivateurs et les marins, sont plus religieux que les autres. C'est qu'en effet, lorsqu'on voit la grandeur et l'ordre des éléments, les merveilles de la végétation, le retour invariable des saisons, le cours éternellement régulier des astres. il est difficile de ne pas croire à l'existence d'un être supérieur à tous les autres, créateur et ordonnateur de tout.

Bernardin de Saint-Pierre, auteur d'un

des plus beaux livres de notre langue (1), raconte que, parmi les paysans, il avait toujours rencontré des gens croyants et pieux. Un jour cependant, il en trouva un qui était ce qu'on appelle *esprit-fort*, c'est-à-dire, qui ne croyait pas ce que nous enseigne la religion et ce qu'ont admis tant d'hommes d'une science et d'un génie supérieur. Bernardin de Saint-Pierre le laissa exposer toutes ses idées, et les raisons pour lesquelles il ne croyait pas à l'existence de Dieu ; ce que le paysan fit d'un air vaniteux et fort content de lui-même. Ensuite, il lui dit : « Eh bien, maintenant, êtes-vous devenu plus heureux que vos pareils en perdant la foi qu'ils ont conservée ? »

Cette parole est d'une profonde sagesse. En effet, pour son bonheur, qu'est-ce que cet homme avait gagné à devenir incrédule ? S'il faisait une heureuse récolte, s'il avait une bonne santé, si sa femme et ses enfants lui donnaient des sujets de satisfaction, en quoi l'idée que Dieu n'était pour rien dans tout ce bonheur, pouvait-elle l'augmenter ? Et si, au contraire, le sol le payait mal de ses travaux, s'il était malade, si sa famille lui causait des

---

(1) *Paul et Virginie.*

soucis, en quoi était-il moins malheureux, parce qu'il ne pensait pas, comme les autres, que Dieu pourrait l'en dédommager dans l'autre monde. La seule jouissance qu'il pût trouver dans son impiété, était une jouissance d'orgueil. *Sa raison, disait-il, n'admettait que ce qu'il comprenait;* et il s'imaginait, à cause de cela, avoir beaucoup plus d'esprit que ses semblables. Mais, sur ce point, il se faisait une étrange illusion; et l'idée qu'il avait de sa supériorité, était singulièrement fausse. En effet, depuis qu'il ne croyait plus à Dieu, était-il arrivé à mieux comprendre qu'auparavant toutes les choses qui l'entouraient, même les plus ordinaires? Quelle explication satisfaisante lui en avaient donnée les livres où il avait puisé son incrédulité? Ces choses, il les voyait sans doute, mais concevait-il comment elles existaient, comment elles s'opéraient? Il ne croyait plus qu'un Dieu eût fait de rien le ciel et la terre, parce qu'il ne se l'expliquait pas; mais comprenait-il que ce ciel et cette terre eussent pu se faire elles-mêmes, ou toujours exister? Par la même raison, il ne croyait plus que Dieu fît naître ses moissons; mais comprenait-il que la chaleur ou l'humidité pût faire germer, grandir le grain de blé et le changer en épi? Quand ses livres lui avaient dit : « Cela arrive par telle ou telle cause, » lui expliquaient-ils comment ces causes agissaient, comment elles avaient été primitivement mises en action? Il avait beau faire, il lui fallait toujours arriver à un point où son intelligence ne comprenait plus. Et pour être d'accord avec lui-même, ce paysan qui ne croyait pas à Dieu, aurait dû ne pas croire non plus à l'existence de la terre, du soleil, aux mouvements de la mer, à la naissance des moissons, parce qu'en définitive, s'il voyait toutes ces choses, sa raison ne pouvait s'expliquer comment elles avaient lieu.

Ainsi, en devenant *esprit-fort*, cet homme n'était pas arrivé à être plus heureux dans la prospérité, moins malheureux dans l'adversité. En réalité, il n'était pas arrivé non plus à en savoir plus que ceux dont il méprisait la simplicité; car il restait toujours environné de mystères inexplicables; et s'il croyait, moins qu'un autre, il n'avait pas la gloire de comprendre plus qu'un autre.

Bernardin de Saint-Pierre avait donc raison de lui demander en quoi son incrédulité le rendait plus heureux. Il aurait pu lui demander aussi en quoi elle le rendait plus savant.

---

## LOUIS XI [1] ET LE BOURGEOIS.

Louis XI assistait un jour à un repas que lui donnait une des principales villes de son royaume. Il avait pour voisin de table un bourgeois fort considéré pour son intelligence et sa fortune. Le roi, qui aimait beaucoup les gens habiles, quelle que fût leur condition, causa longuement avec lui, lui fit beaucoup d'amitiés et finit par lui demander s'il avait quelque faveur à réclamer. Quoique homme de beaucoup d'esprit, le bourgeois n'en eut pas assez pour se défendre d'un mouvement de vanité, et il pria le roi de lui donner des lettres de noblesse; elles lui furent

[1] Louis XI, fils de Charles VII et père de Charles VIII, régna sur la France de 1461 à 1485. Ce fut un prince dur et cruel, mais habile et dont la politique sut donner une grande force au pays épuisé par une lutte de plus de cent ans contre l'Angleterre.

accordées sans la moindre difficulté. Quelques jours après, le nouvel anobli se trouva encore placé à table auprès de Louis XI ; mais, à son grand étonnement, ce dernier ne lui adressa même pas une parole. Il ne put s'empêcher de demander au roi en quoi il avait pu lui déplaire, et pourquoi, après avoir été si honorablement traité par lui quelque temps auparavant, il était aujourd'hui si dédaigné. Louis XI lui répondit : « La dernière fois que je vous eus à côté de moi, vous étiez le premier des bourgeois ; maintenant vous n'êtes que le dernier des nobles. »

## BAYARD.

De tous les guerriers des anciens temps, aucun peut-être n'a donné plus de preuves de valeur et de générosité que le chevalier Bayard. (1) Aussi, aucun nom n'est

(1) Pierre du Terrail, dit le chevalier de Bayard, naquit en 1476. Il s'illustra dans les guerres d'Italie, sous les règnes de Louis XII et de François I<sup>er</sup>, et fut tué en 1524 à Rebec, pendant qu'il protégeait la retraite de l'armée française, que poursuivaient les troupes de Charles-Quint, roi d'Espagne et empereur d'Allemagne.

dulité le rendait plus heureux. Il aurait pu lui demander aussi en quoi elle le rendait plus savant.

## LOUIS XI[1] ET LE BOURGEOIS.

Louis XI assistait un jour à un repas que lui donnait une des principales villes de son royaume. Il avait pour voisin de table un bourgeois fort considéré pour son intelligence et sa fortune. Le roi, qui aimait beaucoup les gens habiles, quelle que fût leur condition, causa longuement avec lui, lui fit beaucoup d'amitiés et finit par lui demander s'il avait quelque faveur à réclamer. Quoique homme de beaucoup d'esprit, le bourgeois n'en eut pas assez pour se défendre d'un mouvement de vanité, et il pria le roi de lui donner des lettres de noblesse; elles lui furent

[1] Louis XI, fils de Charles VII et père de Charles VIII, régna sur la France de 1461 à 1485. Ce fut un prince dur et cruel, mais habile et dont la politique sut donner une grande force au pays épuisé par une lutte de plus de cent ans contre l'Angleterre.

accordées sans la moindre difficulté. Quelques jours après, le nouvel anobli se trouva encore placé à table auprès de Louis XI; mais, à son grand étonnement, ce dernier ne lui adressa même pas une parole. Il ne put s'empêcher de demander au roi en quoi il avait pu lui déplaire, et pourquoi, après avoir été si honorablement traité par lui quelque temps auparavant, il était aujourd'hui si dédaigné. Louis XI lui répondit : « La dernière fois que je vous eus à côté de moi, vous étiez le premier des bourgeois; maintenant vous n'êtes que le dernier des nobles. »

## BAYARD.

De tous les guerriers des anciens temps, aucun peut-être n'a donné plus de preuves de valeur et de générosité que le chevalier Bayard. (1) Aussi, aucun nom n'est

---

(1) Pierre du Terrail, dit le chevalier de Bayard, naquit en 1476. Il s'illustra dans les guerres d'Italie, sous les règnes de Louis XII et de François I$^{er}$, et fut tué en 1524 à Rébec, pendant qu'il protégeait la retraite de l'armée française, que poursuivaient les troupes de Charles-Quint, roi d'Espagne et empereur d'Allemagne.

de graves abus. Dans une nation, en effet, combien de gens qui, à raison de leur caractère, de leur condition, de leur profession même, sont et seront toujours peu habiles à décider les questions politiques! Combien aussi d'ambitieux ou d'envieux, toujours prêts à égarer les autres par des mensonges et des flatteries! Si les gens simples ne savent pas se garer des séductions de ceux-ci, s'ils se laissent guider par eux, au lieu d'écouter des hommes dont les promesses sont beaucoup moins belles, les discours beaucoup moins séduisants, alors de grands maux s'élèvent dans l'Etat. Athènes avait un gouvernement démocratique, et le peuple d'Athènes était le plus spirituel de la Grèce; mais il était léger, vain, crédule et surtout grand ami du changement. Aussi, se trouvait-il comme assiégé par une foule de flatteurs qui, pour gagner ses suffrages, exaltaient sa sagesse, sa force, sa valeur. Quand un homme de vertu et de talent était aux affaires, comme sa présence gênait ceux qui voulaient parvenir au pouvoir, aussitôt on mettait en œuvre les calomnies, les promesses, les adulations, et le grand homme ne tardait pas à tomber devant la volonté populaire.

Vingt ans après l'établissement du gouvernement républicain à Athènes, Miltiade, général illustre qui avait sauvé la Grèce en triomphant des Perses (1) à Marathon (2), échoua dans une expédition peu importante; il fut à cause de cela accusé par ses ennemis. Le peuple crut ceux-ci, le condamna à une forte amende qu'il ne put payer, et Miltiade mourut en prison.

Sept années plus tard, un homme qui avait aussi contribué beaucoup à la victoire de Marathon, d'une vertu moins brillante que Miltiade, mais peut-être plus pure, Aristide, surnommé le juste, fut condamné à l'exil par le peuple. La cause de son bannissement ne fut autre chose que l'amour inspiré aux Athéniens par son équité. Ses ennemis leur dirent qu'un citoyen aussi aimé pouvait devenir dangereux, et affirmèrent gravement qu'il était sage de s'en défaire. Ils furent crus et obéis.

(1) Les Perses, appelés aujourd'hui Persans, étaient alors le peuple le plus puissant de l'Asie. Un de leurs rois, nommé Darius, voulut asservir la Grèce. Malgré des forces considérables, il ne put y parvenir. Son successeur Xercès ne fut pas plus heureux.

(2) Quatre cent quatre-vingt-dix ans avant Jésus-Christ.

Thémistocle qui combattit aussi à Marathon, qui sauva la Grèce à Salamine (1) par sa valeur et sa sagesse, fut également banni et mourut en exil. Ses ennemis ne prouvèrent rien contre lui; il leur suffit de l'accuser pour le faire condamner.

Cimon, fils de Miltiade, héritier des grandes qualités de son père, assure comme lui le triomphe d'Athènes contre les Perses, et place ses compatriotes à la tête des républiques de la Grèce; mais il a le tort de ne point flatter le peuple comme le fait son rival Périclès. Et celui-ci auquel il porte ombrage, le fait chasser d'Athènes.

Thucydide, habile guerrier et célèbre historien, a le même tort que Cimon et éprouve le même sort.

Périclès, que nous avons nommé plus haut, trouva moyen de rester à la tête des affaires pendant quarante ans et de mourir à ce poste; et cependant son ambition avait causé de grands maux aux Athéniens en les entraînant dans des guerres désastreuses; de plus, il avait de brillantes qualités faites pour exciter l'envie. Comment donc arriva-t-il à éviter la

(1) La bataille de Salamine se livra sur mer, et contre Xercès, successeur de Darius, quatre cent quatre-vingts ans avant Jésus-Christ.

commune destinée des hommes de talent? En employant son éloquence divine à aduler le peuple, et en dépensant en fêtes publiques les contributions que les alliés devaient fournir pour l'entretien de la marine commune de la Grèce.

La république d'Athènes avait seulement cent cinquante années d'existence, et, grâce à l'esprit turbulent et mobile de son peuple, à son engouement pour des orateurs qui exploitaient sans relâche son amour de la nouveauté et de la flatterie, cette république avait perdu sa dignité nationale, son premier rang entre les villes grecques, gaspillé son argent et ses hommes dans des guerres inutiles. Cependant, dans une contrée située en dehors de la Grèce, grandissait un peuple rude et grossier que les Grecs, si policés, mettaient au nombre des barbares. Ce peuple était discipliné, agissait plutôt qu'il ne parlait, et savait obéir à ses chefs. Un d'entre eux, politique, fourbe et opiniâtre, se mêla aux affaires de la Grèce, et menaça la liberté commune. Athènes voulait toujours la guerre contre Philippe (1), ainsi se nom-

(1) Philippe fut le père d'Alexandre-le-Grand. Personne n'ignore le nom de ce dernier qui détruisit l'empire des Perses et subjugua presque toute l'Asie.

mait le prince macédonien (1). Un illustre orateur, Démosthènes, entretenait cette fougue. Un citoyen plein d'intégrité et de dévoûment, Phocion, conseillait toujours la paix, bien qu'il fût un général heureux, parce qu'il la regardait comme le seul moyen de prolonger l'existence de sa patrie, vieillie et dégénérée.

Le peuple d'Athènes suivit le parti de la guerre, et se fit battre par Philippe, par son fils Alexandre et par leurs successeurs. Vaincu, ce peuple passa de l'audace à la soumission, et, pour complaire au vainqueur, condamna à mort Démosthènes, qui fut réduit à s'empoisonner.

L'adversaire de Démosthènes, cet habile général qui avait eu la sagesse de conseiller la paix, Phocion vit alors les Athéniens le prier de servir de médiateur entre eux et Antipater, roi de Macédoine. Phocion employa tout le crédit que lui donnait sa réputation de vertu, à apaiser l'ennemi de ses concitoyens, et obtint de lui le rappel de beaucoup d'exilés. A partir de ce moment, il eut une grande part au gouvernement de la république, et mon-

(1) La Macédoine, aujourd'hui Roumélie, est un pays entouré de montagnes. Elle se trouvait au nord-est de l'ancienne Grèce.

tra qu'il était aussi bon administrateur que sage conseiller.

Humiliée par les armes de ses adversaires, avilie par elle-même, la république athénienne végéta en quelque sorte sous la domination des princes macédoniens. Après la mort d'Antipater, un autre successeur d'Alexandre vint s'emparer d'Athènes et jugea à propos de chasser le parti politique dont Phocion était un des chefs. Il convoqua le peuple, et celui-ci condamna à mort l'homme qui, d'abord par ses conseils, et ensuite par sa généreuse intercession, avait été, on peut le dire, son génie tutélaire.

Peu de temps après, Cassandre, fils d'Antipater (1), vint à Athènes, chassa, mit à mort les chefs du parti qui lui déplaisait, et imposa à la république un gouvernement à sa façon.

(1) Antipater fut un des successeurs d'Alexandre. Il obtint la Macédoine en partage lorsque les vastes états de ce conquérant furent divisés entre ses généraux.

## ROBERT BRUCE ET L'ARAIGNÉE.

Robert Bruce (1), l'un des chefs écossais qui contribuèrent le plus à défendre leur patrie contre les entreprises de l'Angleterre, venait d'être pour la sixième fois défait par Edouard I$^{er}$ (2). Séparé des siens, fugitif, il avait trouvé un asile dans une chaumière. Tout en prenant quelque repos sur un misérable grabat, il se demandait s'il essaierait encore une fois de réunir ses partisans et de recommencer la lutte, ou s'il céderait à sa mauvaise fortune. En même temps, il suivait machinalement de l'œil une araignée qui semblait, comme le chef écossais, avoir à se plaindre aussi de la fortune. Elle essayait d'ourdir sa toile, et, six fois déjà, elle avait tenté sans succès de fixer sur une solive le fil qui devait soutenir son travail. Celui-ci s'était toujours rompu;

(1) Robert Bruce naquit pendant la seconde moitié du XIII$^e$ siècle. Il devint roi d'Ecosse, après avoir affranchi ce pays du joug de l'Angleterre.
(2) Ce prince anglais était contemporain de Philippe IV, roi de France. Il commença en 1292, contre nous, une guerre où il n'eut pas l'avantage.

l'insecte opiniâtre se disposait à le rattacher pour la septième fois, lorsque Bruce se prit à dire : « Si elle réussit, je ferai comme elle, je tenterai encore une fois le sort. » Et avec anxiété, il suivit le nouvel effort de l'araignée qui réussit pleinement.

Ayant repris courage, Bruce réunit ses partisans et entreprit une nouvelle campagne. Il remporta sur les Anglais une grande victoire qui changea la destinée des armes écossaises, et assura l'indépendance du pays.

---

### DÉDALE ET ICARE.

La fable raconte qu'un habile ouvrier nommé Dédale, pour s'échapper d'une île où il était retenu prisonnier, se fabri-

---

(1) Dédale appartient à cette époque éloignée et confuse qu'on appelle les temps fabuleux. On le regarde comme l'inventeur de plusieurs instruments utiles, entre autres de la scie. On lui attribue aussi la construction du Labyrinthe, édifice composé de tant de salles que l'on s'y perdait, si l'on n'avait pas soin, en parcourant, de dévider un peloton de fil au moyen duquel on retrouvait la route par laquelle on était venu.

briqua des ailes sans autres matériaux que des plumes unies avec de la cire, et que, osant se confier à l'espace, il se fraya un chemin par une voie nouvelle et arriva enfin à gagner la terre et la liberté.

Tel ne fut pas le sort de son fils Icare, qui l'avait accompagné. Trop faible pour soutenir longtemps son vol, ou bien s'étant, nous dit-on, trop approché du soleil, dont la chaleur fondit la cire qui unissait les plumes de ses ailes, le malheureux jeune homme tomba dans la mer au-dessus de laquelle il avait voulu s'élever.

Ce conte retrace la destinée de ceux qui veulent sortir de la condition où ils sont nés, et suivre une carrière flatteuse pour leur amour-propre. S'ils ont un génie réellement au-dessus de leur état, c'est-à-dire, une raison droite avec une forte intelligence, alors ils peuvent se maintenir et faire route dans la sphère où ils ont voulu prendre rang. S'ils n'ont pas ces rares qualités, ils succombent, épuisés par leurs efforts, ou bien se perdent en voulant s'élever trop haut.

Généralement, sachons rester dans la condition où le ciel nous a placés, et bornons nos désirs à nous y faire estimer par notre conduite honnête et un travail intelligent. Se placer ainsi à un rang distingué parmi les siens, n'est-ce pas assez pour l'ambition d'un homme sage?

---

## SUGER ET SAINT-BERNARD.

Suger est un des hommes dont s'honore le plus notre histoire. Né d'une famille obscure, et d'abord simple moine, il devint, par son mérite, abbé de Saint-Denis et ministre du roi Louis VII (1). Quand il se vit parvenu à ces hautes dignités, il crut que son rang exigeait de lui une sorte de magnificence, à laquelle, du reste, il était naturellement enclin. Le rigide Saint-Bernard (2), dédaigneux de toute espèce de faste, quoiqu'il fût sorti d'une famille illustre, reprocha à Suger le luxe de ses

(1) Louis VII, dit le Jeune, fils de Louis VI et père de Philippe-Auguste, occupa le trône de France de 1137 à 1180.
(2) Aussi remarquable par son génie et par la force de son caractère que par sa sainteté, saint Bernard s'illustra par ses écrits et par son rôle dans les affaires de l'Église. Il fut en quelque sorte l'arbitre de son siècle. Il naquit à Fontaine près Dijon en 1091.

habitudes. Cette censure dut paraître d'autant plus amère à l'abbé de Saint-Denis, qu'elle venait d'un homme qui, en politique, s'était souvent déclaré son adversaire. Mais Suger ne se montra sensible qu'à la sagesse du reproche; et il supprima immédiatement ce qu'il pouvait y avoir de trop mondain dans son genre de vie; prouvant ainsi que le propre d'une grande âme est de savoir se rendre à toute *observation juste*.

―

## OPINION D'UN GRAND GUERRIER SUR LE COURAGE MILITAIRE.

Nous sommes souvent enclins à trop estimer le courage guerrier, et pas assez d'autres vertus qui sont plus utiles et tout aussi méritoires.

On demandait à Agésilas (1), l'un des plus grands capitaines de Sparte, ce qu'on devait préférer de la bravoure ou de la justice; « la justice, répondit-il sans hé-

(1) Agésilas vivait quatre cents ans avant Jésus-Christ. Il fut roi de Sparte, ville grecque célèbre par sa rivalité avec la république d'Athènes.

siter; car si tous les hommes étaient justes, la bravoure ne serait pas nécessaire, puisqu'on n'aurait pas à combattre pour faire respecter ses droits. »

## LES TRIBUNS DE ROME.

La nation romaine était divisée en patriciens et en plébéiens. Primitivement, tous les pouvoirs politiques se trouvaient entre les mains des premiers : à eux, appartenait le droit d'exercer les magistratures, de composer le Sénat, de proposer des lois et même de les voter ; car si les plébéiens prenaient une certaine part à la législature, on peut dire qu'elle était à peu près illusoire.

Plus tard, les plébéiens obtinrent le pouvoir de choisir dans leurs rangs des magistrats nommés tribuns du peuple, chargés de défendre leurs intérêts contre la classe patricienne. Peu à peu, ils arrivèrent à partager tous les pouvoirs avec celle-ci ; en sorte qu'au bout de quelque temps, patriciens et plébéiens furent égaux en droits ; et, la haute classe de Rome, au lieu d'être seulement composée comme autrefois de patriciens, s'augmenta de tous ceux d'entre les plébéiens qui acquirent de l'importance par leurs services, leurs talents, ou leur fortune.

La classe inférieure, formée de tous ceux d'entre les plébéiens que leurs professions purement manuelles, leur ignorance ou leur goût pour l'oisiveté, empêchaient de s'élever dans l'Etat, fut naturellement l'adversaire de la classe supérieure ; adversaire redoutable, car elle était puissante par le nombre, et avait le droit de faire, avec le concours de ses tribuns, des lois qu'elle votait seule, mais qui n'en étaient pas moins obligatoires pour toute la nation.

Il va sans dire que les tribuns étaient en quelque sorte les oracles et les maîtres de cette foule ; aussi, pour quiconque voulait faire parler de lui, remuer le peuple, en un mot, jouer un rôle, le tribunat avait beaucoup de prix. Il arrivait souvent que des patriciens ambitieux recherchaient cette magistrature, comptant se donner ainsi une importance qu'ils désespéraient d'obtenir en restant dans leur classe.

Quiconque voulait être porté au tribunat, devait avant tout flatter le peuple, ce qui se faisait de deux façons ; d'abord, en accusant et en injuriant la haute classe, ensuite en faisant à la classe populaire le plus séduisant portrait d'elle-même, en la représentant comme ayant droit à tout par ses mérites, et comme déshéritée de tout grâce à ses oppresseurs. Mais il ne suffisait pas de satisfaire la vanité de ses électeurs, il fallait leur faire espérer le triomphe de leurs intérêts ; pour cela on n'avait rien de plus efficace que la promesse des lois agraires et frumentaires, et de l'abolition des dettes.

Pour expliquer ce que c'était que les lois agraires, il faut nous écarter un peu du sujet.

Les biens possédés par les grands propriétaires romains, ou faisaient partie de leur patrimoine, ou appartenaient à ce qu'on appelait le domaine de la République, c'est-à-dire, à la masse des terres conquises sur les autres peuples d'Italie. Cette dernière espèce de biens avait été primitivement considérée comme inaliénable, et, en conséquence, comme pouvant toujours être reprise par l'état lorsqu'il le jugerait à propos. Or, un tribun, nommé Tiberius Gracchus, homme hon-

— 27 —

nête mais trop jeune pour apprécier les difficultés des choses, avait une fois proposé qu'on retirât ces terres à ceux qui les possédaient en leur en payant le prix, et qu'on les distribuât aux pauvres. Son but était d'arracher ceux-ci à l'indigence et aux habitudes turbulentes qu'entretenait chez eux un désœuvrement souvent forcé ; nous disons forcé, parce qu'à Rome, pays où il n'y avait ni commerce, ni industrie, celui qui ne cultivait pas le sol, se trouvait à peu près sans profession.

Mais, quand depuis des siècles, des biens ont été tranquillement possédés, quand, par succession ou autrement, ils ont été transmis de génération en génération, il est impossible de songer à les enlever à ceux qui en jouissent, sous prétexte qu'en fouillant dans le passé, on trouve quelque vice dans l'origine de la propriété. « Aussi, comme dit un historien de notre temps (1), en parlant de ces projets de lois agraires ; « une translation universelle de la propriété, qui n'aurait pu s'accomplir qu'en versant des torrents de sang, n'aurait point fini les troubles auxquels donnait lieu l'inégale répartition. »

Tiberius Gracchus et ses successeurs

(1) M. Michelet.

avaient succombé devant les difficultés, ou, pour mieux dire, devant l'impossibilité de leur entreprise. Néanmoins, comme la perspective d'avoir gratuitement des terres, chatouillait toujours agréablement les esprits des prolétaires romains, pour se bien faire venir d'eux, il était fort habile de remettre sur le tapis quelque loi agraire, sauf à n'arriver à aucun résultat.

Les lois appelées *frumentaires* étaient d'une mise en pratique plus facile ; aussi recevaient-elles souvent leur exécution. Elles avaient pour but de faire vendre à un prix très bas, ou même de faire distribuer gratis au peuple le blé nécessaire à son existence de chaque jour. Quant à l'abolition des dettes, est-il besoin d'expliquer que cela consistait à faire remettre aux débiteurs tout ou partie des obligations contractées envers leurs créanciers ?

Promettre la proposition de ces lois et travailler à les faire passer, était donc le grand moyen employé pour obtenir le tribunat, et pour conserver les bonnes grâces du peuple une fois qu'on se trouvait revêtu de cette fonction. Il y avait encore quelques expédients assez heureux pour rester en bonne intelligence avec ses commettants, entre autres, celui-ci : Quand un magistrat éminent sortait de fonction, on l'accusait à tort ou à raison, et souvent à tort, d'avoir trahi les intérêts du pays, on demandait son exil ou sa condamnation à une forte amende ; ainsi, on flattait l'envie que provoque toujours dans une nation un homme haut placé et qui a, pendant quelque temps, exercé un grand pouvoir.

Avec un peuple ainsi travaillé par ses tribuns, et dénué de ressources, grâce à cette absence de commerce et d'industrie qui était le grand vice de la République romaine, on comprend que la classe appelée alors, fort à tort, aristocratique, avait à lutter continuellement ; mais elle trouvait un auxiliaire puissant là où l'on pouvait s'y attendre le moins, dans le tribunat même. Voici comment :

Il y avait dix tribuns du peuple ; or, pour que les propositions de l'un d'entre eux pussent acquérir force de loi, il fallait le consentement des neuf autres. Un seul tribun, en mettant son *veto,* c'est-à-dire en déclarant qu'il n'accepterait pas ce que proposaient ses collègues, et ce que voulait le peuple, arrêtait tout. La classe dite aristocratique, lorsqu'elle redoutait les menées d'un tribun, en était quitte pour gagner à prix d'argent ou autrement un autre tribun. C'était un moyen qui lui réussissait presque toujours.

En résumé, le peuple romain, c'est-à-dire, cette partie de la classe plébéienne qui, par ses habitudes oisives, son ignorance, sa pauvreté, menait une existence aussi précaire que misérable, lutta pendant des siècles contre sa rivale, sans pouvoir sortir de sa misère et de son abjection. Elle inquiétait la classe adverse, et troublait le repos de l'Etat; ses tribuns satisfaisaient leur ambition et leur haine contre l'aristocratie, faisaient des discours, agitaient la foule; mais elle n'était pas plus heureuse qu'au temps où les plébéiens se voyaient exclus des honneurs, des magistratures, et de tout pouvoir public.

Que conclurons-nous de là? Que pour qu'un pays soit heureux et paisible, des droits égaux, accordés à toutes les classes, ne sont pas suffisants. Il faut qu'il y ait, en outre, une forte moralité; autrement le pauvre arrive bien vite à ne pas se contenter de l'égalité de droits. Au bout de peu de temps, il ne lui suffit plus que la route lui soit ouverte pour arriver au bien-être; il veut pouvoir ravir ce bien-être au lieu de le gagner; il se refuse à conquérir laborieusement ce que d'autres, plus favorisés de la fortune, possèdent à ses yeux sans peine et sans travail. Alors s'élève cette guerre, tantôt sourde, tantôt ouverte, du pauvre avec le riche, guerre inique et désastreuse qui ruine l'un sans enrichir l'autre, qui déprave toute une nation, lui enlève à la fois son repos, sa force, sa dignité.

---

## UN MOT DU MARÉCHAL DE VENDÔME

Le maréchal de Vendôme (1) fut un des plus grands capitaines que la France ait produits. A son lit de mort, on lui parlait des batailles qu'il avait gagnées, il répondit : « A cette heure, je me rappellerais avec plus de joie un verre d'eau donné pour l'amour de Jésus-Christ que toutes

(1) Joseph, duc de Vendôme, vécut sous le règne de Louis XIV. Il fit la guerre en Flandre, en Italie, en Espagne, où il remporta la victoire de Villaviciosa qui assura la couronne de ce pays sur la tête de Philippe d'Anjou, petit-fils de Louis XIV. Il mourut en 1712.

mes victoires, fussent-elles aussi nombreuses que celles d'Alexandre. »

Quand nous faisons quelque chose d'important à nos yeux, demandons-nous ce que nous en penserons au moment où nous serons sur le point de quitter cette terre.

# LIBRAIRIE L. CURMER,
## 47, RUE RICHELIEU.

## OUVRAGES ADOPTÉS PAR L'ASSOCIATION
### POUR L'ÉDUCATION POPULAIRE.

- 2 — **Première lettre à mon ami Jacques. — Des Riches,** par M. Maurice BLOCK.................... 10 c.
- 3-4 — **Manuel du Juré,** par M. BAROCHE, représentant du peuple............ 20
- 14-15, 16-17 — **Instruction civique des Français,** par M. AMYOT, avocat à la Cour d'appel de Paris............ 40
- 18 — **Histoire de Marcillot,** par M. Clément d'ELBEE, *adoptée par le Conseil de l'Instruction publique*...... 10
- 19 — **Philippe le Batelier,** par le même. 10
- 20-21 — **Deuxième lettre à mon ami Jacques. — De l'Impôt,** par M. Maurice BLOCK....................
- 22-23 — **Troisième lettre à mon ami Jacques. — Le Budget,** par le même. 20
- 24-25. — **Principes de Dessin linéaire et de Géométrie pratique,** par M. JACQUE, directeur de l'école élémentaire de Châlon-sur-Saône..... 20
- 26-27-28 — **Éléments d'Histoire universelle,** par M. A. MACÉ, professeur d'histoire à la Faculté des lettres de Grenoble.................... 30
- 29-30 — **Devoir et Bonheur,** par M. RUCK, inspecteur de l'instruction primaire 20
- 31-32 — **Bienfaits de l'Épargne,** par madame RUCK.................... 20

33-34 — **Histoire d'une rose, écrite par elle-même**, par M. Clém. D'Elbée.. 20 c.

35-36 — **Manuel des devoirs de la ...** à l'usage de la jeunesse, *adopté par le Conseil de l'Instruction publique*... 30

37-38 — **Jeanne Darc**, par M. Frédéric Lock, *adopté par le Conseil de l'Instruction publique*.............. 20

39-40 — **Les petits auxiliaires du cultivateur**, par M. de Frarière.. 20

41-42 — **La France**, par M. J.-C. Hérard.. 20

43 — **Le Livre des cent Vérités**, par M. Alph. Karr............... 10

50-60 — **Leçons élémentaires de sciences naturelles appliquées à l'hygiène**, par M. Le Maout. **NOTIONS DE CHIMIE ET DE MINÉRALOGIE**, — 1re partie : *Corps simples non métalliques, Métaux terreux et alcalins.* 41 liv., 1 f. 10

100 à 110 — **Cours élémentaire d'agriculture pratique**, par M. Lebeau, 1 f.

110 à 121 — **Manuel chronologique de l'Histoire de France**, *depuis l'établissement des Francs dans les Gaules, jusqu'au 24 février 1848*, par M. Antonin Macé, professeur d'histoire à la Faculté des Lettres de Grenoble............. 1 f. 10

122 à 135 — **L'Économie politique du Peuple**, par M. C. Ginoulhiac, 1 f. 10

44 — **Récits et pensées**, par M. Grün. 10

45-46-47 — **Description physique de la France**, par M. Fréd. Lacroix.. 50

....... 9923 .. Imp. Maulde et Renou, r. Bailleul.

www.ingramcontent.com/pod-product-compliance
Lightning Source LLC
Chambersburg PA
CBHW061016050426
42453CB00009B/1474